Point de vue providentiel

DE L'HISTOIRE

DE

HENRI DE BOURBON,

Du 29 Septembre 1820

AU

29 Septembre 1840.

PAR M. ALFRED NETTEMENT.

PRIX : 1 FRANC 50 CENTIMES.

Paris.

LIBRAIRIE DE DENTU, AU PALAIS-ROYAL,

GALERIE D'ORLÉANS.

1840

POINT DE VUE PROVIDENTIEL

DE L'HISTOIRE

DE

HENRI DE BOURBON.

Point de vue providentiel

DE L'HISTOIRE

DE

HENRI DE BOURBON,

Du 29 Septembre 1820

AU

29 Septembre 1840.

PAR M. ALFRED NETTEMENT.

❖

PRIX : 1 FRANC 50 CENTIMES.

❖

Paris.

LIBRAIRIE DE DENTU, AU PALAIS-ROYAL,
GALERIE D'ORLÉANS.

—

1840

O ublions pour un jour les misères qui nous entourent et les passions qui nous travaillent ; les destinées de la France jouées à deux dés sur le tapis vert de la politique par un de ces téméraires sans audace qui ne savent que provoquer les difficultés, sans les trancher ni les résoudre ; notre pays traînant le dernier anneau de son unique alliance rompue, et se voyant exclu de la communion européenne par le génie de la révolution ; une question immense, la question d'Orient, qui peut renouveler le monde et reconstituer l'Europe, ouverte pour la Russie, l'Angleterre, la Prusse et l'Autriche, fermée devant nous ; les bruits de guerre qui retentissent au dehors, les souffrances des classes populaires qui crient au dedans, et la grande roue du travail qui meut la société toute entière s'arrêtant avec un sinistre murmure sorti des entrailles mêmes du pays ; que vous dirai-je encore? Détournons les yeux de Paris, cette capitale de la civilisation dont les bastions naturels sont les Alpes et les Pyrénées, et dont le fossé est le Rhin, réduit à s'entourer de forts, comme un donjon féodal du moyen-âge, et libres, pour quelques heures au moins, de tant de douloureuses préoccupations, consacrons le jour qui ramène un mémorable anniversaire, à contempler la suite providentielle d'une jeune vie où le doigt de Dieu est partout, et le progrès d'une éducation à laquelle chaque événement semble destiné à apporter sa leçon. -

Cette vie, protégée d'en haut dès son premier jour, commence par une merveille. La nuit profonde dans laquelle le dernier flambeau de la race des Bourbons s'était éteint, s'illumine tout à coup. La France, qui s'était agenouillée auprès d'un sépulcre, se relève en tenant dans ses bras un berceau rempli d'espérances : Henri de Bourbon, sortant des ombres du passé où sa glorieuse maison paraissait être pour jamais rentrée, se présente devant tous les regards, le front rayonnant d'avenir.

Tous les grands principes, toutes les grandes voix saluent cette merveilleuse naissance. Le nonce appelle le nouveau-né l'enfant de l'Europe; M. de Lamartine, le poète à la voix inspirée, l'appelle l'enfant du Miracle; M. Victor Hugo l'appelle l'enfant de la Gloire, et M. de Châteaubriand, ce roi de la parole écrite, qui avait répandu les larmes éloquentes de son génie sur le tombeau du père, prête les enchantemens de son style à l'allégresse publique pour célébrer la venue du fils. En même temps le captif de Sainte-Hélène, qui semblait n'avoir prolongé sa douloureuse carrière que pour voir le renouvellement de l'ancienne dynastie de la France, se couche sur son rocher pour ne plus relever sa tête, et, de son étroite prison, se fait ce large tombeau, mausolée de géant dont les nains de l'époque troublent en ce moment la paix. La même année, année mémorable, est marquée par la naissance du petit-fils de Louis XIV et par la mort de Napoléon. Il semble que devant les destinées providentielles de ce berceau, les destinées impériales se retirent. Le magnifique empereur, dont le talon d'airain foula si long-temps les routes de la fortune, descend les marches du théâtre du monde, au moment où Henri de Bourbon met le pied dans la vie, afin qu'on sache bien que les grands hommes passent et qu'il n'y a que les grands principes qui soient immortels.

La nouvelle de la naissance de Henri de Bourbon répand partout d'inexprimables allégresses. Le Midi s'enorgueillit de voir une de ses villes donner son nom au jeune duc, tandis que la Vendée s'agenouille sur les tombes de Henri de La Rochejaquelein et de Cathelineau, afin de prier pour le fils de la veuve et du martyr. Les trente-cinq mille communes de France, semblant pressentir en lui un libérateur, ne veulent pas demeurer en arrière : alors s'ouvre cette souscription de Chambord, fait sans précédent dans nos annales, et qui nous montra le denier populaire se mêlant à l'offrande du riche pour doter le fils des rois. Tant la France était empressée à lui exprimer son amour, et tant il est vrai que tout ce qui accompagnait ou suivait cette naissance extraordinaire, devait être marqué d'un sceau particulier !

Par suite de cette influence providentielle, il a suffi à Henri de Bourbon de naître pour relever la fortune de sa maison. Les combinaisons de ses ennemis sont confondues , les espérances de ses amis se raniment, les périls s'éloignent, les alarmes s'apaisent. Un frêle enfant est devenu le support d'un trône de quatorze siècles, et, répandant sur la France des bienfaits avant de la connaître, le nouveau-né lui apporte la sécurité et l'ordre , comme dons de joyeux avènement. La restauration , à qui ce rayon de bonheur a lui, recommence à avoir foi en elle-même ; la France qui , depuis l'effroyable chute de l'empire , avait perdu sa place dans le conseil des nations , remonte sur son trône à Vérone , soutenue par le bras d'un Montmorency et d'un Châteaubriand , et mesure d'un œil calme l'orgueilleuse Angleterre en mettant la main sur la garde de son épée. L'Europe apprend que cette épée pèsera désormais dans les destinées du monde. La campagne d'Espagne accomplie, malgré les faux prophètes, replace notre pays au rang des grands États continentaux, en prouvant qu'il a en lui la puissance de la guerre, et que, le cas échéant, il aurait les bras libres du côté du Rhin.

C'est alors qu'un grand ministre, à qui il fut permis d'arriver aux affaires, se pencha sur ce berceau qui contenait la fortune de la monarchie, et y puisa de sa forte main sept années de prospérité qui coulèrent pour la France, non sans réveiller quelques bruits de gloire de l'autre côté des Pyrénées et sur la mer de Navarin.

Ici commence cette éducation qui devait former le cœur de l'homme et l'intelligence du prince. Par une merveille, qui n'est pas la moins étonnante de toutes les merveilles qu'on a énumérées, la flatterie en est exclue, dès l'origine, comme un poison. Madame de Gontaut, qui eut l'honneur de voir les premières années du fils de M. le duc de Berry commises à sa garde, écrivait à M. le duc de Rivière, en remettant entre ses mains son élève : « La moindre flatterie

a été sévèrement réprimée, la vérité a été toujours scrupuleusement observée. Un enfant
prince, exposé à être loué, court le risque de
se croire un prodige. » Puis viennent des détails précieux sur ce qu'on pourrait appeler le
tempérament moral de Henri : « Je suis heu-
» reuse d'affirmer, poursuit la noble gouver-
» nante, que Monseigneur est vrai jusqu'au
» scrupule. J'ai cru nécessaire, en raison de la
» vivacité de son caractère et de la haute desti-
» née qui l'attend, de le contraindre à réfléchir
» avant d'agir. Le mot justice est un vrai
» charme pour lui. Je n'ai jamais vu un cœur
» plus loyal. »

Ne craignons pas de mettre en lumière les
premiers linéamens de ce caractère qui se forme,
et de reporter les regards sur ces détails, expression authentique des naissantes qualités qui
s'étaient déjà révélées chez le jeune prince, lorsque son éducation fut confiée aux soins d'un
gouverneur. « La droiture et la générosité de
» son caractère, dit la même lettre, le portent
» à tout prendre au sérieux. Quand il croit aper-
» cevoir que l'on fait de la peine à quelqu'un,

» celui qui lui paraît opprimé devient alors
» l'objet de son vif intérêt ; il prend sa défense
» avec chaleur et n'épargne pas les reproches
» aux personnes qu'il aime le mieux ; il montre
» même dans ces occasions une grande éner-
» gie. » Puis viennent d'autres détails non moins
intéressans : « Monseigneur parle peu de ce qu'il
» éprouve. Il a beaucoup de sensibilité, mais un
» pouvoir sur lui-même remarquable à son âge ;
» je l'ai vu souffrir sans se plaindre. »

La religion devait occuper une grande place
dans la première éducation d'un héritier de
saint Louis. Cette place elle l'occupa, comme
le passage suivant en rend témoignage : « Dans
» toutes les occasions j'ai cherché à ramener
» l'esprit de Monseigneur vers la morale et la
» religion. Je m'en suis servie comme d'un
» frein, je l'ai présentée comme une espérance.»
Ce remarquable rapport, sur les premières années
de Henri de Bourbon, se termine par ces paroles pleines d'une religieuse tendresse et d'une
confiance touchante et douce ; paroles écrites
par la main de madame de Gontaut, mais qu'elle
semblait avoir puisées dans le cœur de la France :

« Le passé n'est plus rien pour moi, c'est dans
» l'avenir que je cherche, que j'entrevois un
» grand prince. Qu'il le soit donc, ce cher en-
» fant; qu'il réponde au prodige de sa nais-
» sance, à tous nos vœux ! Qu'il soit pieux,
» sans superstition, savant, sans orgueil ; qu'il
» puise sa force dans sa loyauté, sa sagesse !
» Puisse-t-il enfin être un jour votre gloire et
» l'honneur de la France ! »

Vous le voyez, la religion, l'horreur de l'injustice, l'amour de la vérité, une énergique
répulsion contre les oppresseurs, une vive
sympathie pour les opprimés, voilà les premiers traits qui se dessinent dans le caractère
de Henri de Bourbon. A sept ans il ne connaît
point la flatterie, il ne peut supporter un men-
songe, il sait déjà souffrir sans se plaindre,
réfléchir avant d'agir, il est loyal par nature,
il devra sa prudence à l'éducation. Ajoutons
que la Providence l'a doué d'une fermeté pré-
coce, et qu'il se fait de bonne heure une grande
idée de la dignité qu'imposent le nom d'homme
et la qualité de prince. Un jour, nous disait
M. de Barande, madame de Goutaut l'ayant

réprimandé sévèrement sur une faute qu'il avait commise, il ne fit paraître aucune émotion en sa présence, mais dès qu'elle se fut retirée ses sanglots éclatèrent. M. de Barande lui demanda comment il se faisait qu'il eût attendu ce moment pour donner des marques si vives de chagrin : « Est-ce que vous croyez, répliqua le prince avec une dignité enfantine, que je voudrais pleurer devant une femme ? »

Tandis que, dans ces premiers bégaiemens d'une volonté qui commence à naître, le caractère de Henri de Bourbon s'annonce, les habiles instituteurs auxquels est confiée son instruction, s'appliquent à développer son esprit. Tout d'abord ils remarquent un défaut nuisible chez un simple particulier, plus dangereux encore chez un enfant destiné à régner. Le prince est timide, mais on a trouvé un moyen tout puissant de dissiper cette timidité. Au lieu de travailler en particulier, Henri de Bourbon travaille en public. Quiconque demande à assister à ses leçons, pair de France, député, militaire, magistrat, fabricant, est admis aux Tuileries. Le jeune prince devra à ce

système habilement appliqué, l'habitude précieuse de penser et de parler facilement devant un
nombreux concours de personnes. On a inventé,
pour l'exciter au travail, un moyen digne de
la race aumônière dont il sort. Ses efforts sont
récompensés par des bons que paye le roi son
aïeul, et le montant de ces bons est destiné à ha-
biller, le jour de la Saint-Henri, six vieillards
et six enfans. Moyen d'émulation vraiment digne du sang de saint Louis, ce roi miséricordieux
qui passa sur la terre *en héberjant, en paissant,
en abevrant, en vestant, en visitant, en confortant,
en aidant par le service de sa propre personne et
en soustenant les pauvres et les malades, en rache-
tant les chétifs, en ensevelissant les morts et en
les aidant tous vertueusement et plenteureusement.*

C'est ainsi que se passent les années qui sé-
parent la naissance de Henri de Bourbon de la
révolution de 1830. Cette première éducation
si importante se poursuit sans rien perdre de
sa rectitude, sans être atteinte par aucun des
vices qui accompagnent ordinairement la prospérité. Elle est ferme sans être rude, elle
s'adresse au cœur sans oublier l'intelligence; elle

ne traite pas Henri enfant en homme, mais elle le traite en enfant qui doit régner.

Le corps se trouve développé en même temps que l'esprit. Henri est de bonne heure d'une agilité singulière. Les courtisans qui s'évertuent à suivre cette vive jeunesse à Bagatelle ou dans les vertes allées de Saint-Cloud, sont bientôt obligés de demeurer en arrière; leur dévoûment essoufflé demeure à mi-chemin et s'arrête pour respirer ; on voit que le jeune prince a dans les veines du sang de ce Béarnais qui fatiguait son cousin, M. de Mayenne, à le suivre. Dès ce temps-là on remarque chez lui un goût prononcé pour tout ce qui se rattache à la science de la guerre. Veut-on lui graver un souvenir géographique dans la mémoire, il suffit d'y placer la bataille qui se donna dans ces lieux, de raconter la victoire qui y fut remportée; dès lors il n'oubliera plus le cadre, attaché qu'il est à un glorieux tableau.

Le moment est venu de signaler un nouvel aspect de cette protection providentielle qui veille sur Henri de Bourbon depuis le commencement de sa carrière. C'est pendant les premières années de sa vie, consacrées à l'éducation dont nous venons d'esquisser l'ensemble, qu'on voit s'engager entre la maison de Bourbon et un système politique aujourd'hui bien près d'être jugé, car il termine en s'apostasiant lui-même la longue suite de ses apostasies, cette lutte qui devait aboutir à la révolution de juillet. Par le bénéfice de son âge, le prince reste en dehors de ce débat. Il traverse le présent sans s'y mêler, et continue sa route vers l'avenir. Cet amas de haines soulevé contre sa famille, cette opposition ardente, passionnée, furieuse, ces calomnies, ces colères, ne sont point pour lui de la politique, et ne seront un jour que de l'histoire. Il s'entoure de l'inviolabilité de l'heureuse ignorance de son âge, au moment où l'inviolabilité royale va manquer aux fronts couronnés. Il semble que la Providence veuille qu'il n'ait rien à oublier, et que pas un visage ne puisse, en se présentant devant ses regards, lui rappeler un fâcheux souvenir. Il n'a rien vu; il n'a rien à pardonner. Pendant que la révolution assiége les avenues du palais, il joue sur les degrés du trône sans avoir le sentiment ni la connaissance des luttes qui se livrent et des destructions qui se préparent.

Quand ces terribles querelles se sont envenimées, et que le gouvernement parlementaire, décidé à se mettre au dessus du gouvernement royal, a fait un dernier effort, la catastrophe de juillet éclate comme un coup de tonnerre, et une monarchie de quatorze siècles est détruite en trois jours.

Alors les regards effrayés se portent vers l'enfant du 29 septembre. Ceux qui savent s'élever au dessus des considérations vulgaires et juger de plus haut les hommes et les situations, redoutent alors, de toute la perspicacité de leurs prévisions, l'événement que d'autres appellent de tout l'aveuglement de leurs espérances. Ils se demandent si cette destinée, jusque là si belle, si pure, si libre de tout engagement, va se trouver mêlée aux épreuves qui doivent suivre ; si cette innocence va encourir la responsabilité des perturbations qu'elle ne pourra ni empêcher ni prévenir ; si cette espérance va être fanée dans son germe ?

Tandis que les hommes s'agitent et s'interrogent, Dieu tonne au plus haut des cieux, comme parle Bossuet, et les clairvoyans sont frappés d'aveuglement, les habiles s'égarent. Ils rejettent un instrument comme un obstacle. L'enfant du 29 septembre, qui était apparu dans la tempête de 1820 pour la calmer, disparaît dans la tempête de 1830, pour ne pas en être la victime ; et quand les regards le cherchent à l'horizon, ils le trouvent de l'autre côté des grandes eaux, sous la garde de Dieu et à l'abri d'un exil providentiel.

Dans son bel éloge du Dauphin, Thomas, après avoir parlé de tous les soins apportés à son éducation, s'écriait : « Il ne manque à tant » d'enseignemens que le sceau de l'adversité. » Le sceau de l'adversité ne manquera pas à l'éducation de Henri de Bourbon. On a réussi à préserver les années de son enfance du poison de la flatterie, mais il y a une tâche plus difficile, c'est de mettre sa jeunesse à l'abri de ce dangereux inconvénient des prospérités. Qui pourvoira à ce péril ? La Providence y pourvoit, comme elle a pourvu au reste. Au moment où l'enfance s'arrête, où l'adolescence va commencer, où la jeunesse doit bientôt suivre, et où les princes, élevés sur les marches du trône et dans les splendeurs de la puissance, sont naturellement exposés, enivrés qu'ils sont de leur rang et de leur majesté, à prêter l'oreille aux décevantes adulations qui les assiégent : Dieu, nous l'avons dit, prend cette éducation dont le succès est menacé, et la met sous la protection de l'exil.

Ce n'est point tout encore. Que les passions s'irritent, que les catastrophes se succèdent, que les nuages s'amoncèlent, que les tonnerres éclatent, l'enfant du 29 septembre est à l'abri. D'un côté, son intelligence et son cœur ne se développeront pas dans l'ardente atmosphère des fureurs politiques, mais dans le calme et dans la solitude ; de l'autre, cette précieuse irresponsabilité dont il avait joui par le bénéfice de son âge, il continuera à en jouir par le bénéfice de son absence. Il est en dehors des malheurs de son pays. Son nom ne saurait être mêlé à la plainte publique. Quoi qu'il arrive, il est protégé contre les accusations par son éloignement.

Pour faire voir combien l'empreinte de la

main de la Providence est visible et manifeste
dans ce double résultat, il suffit de rechercher
ce qui serait advenu si les choses avaient autre-
ment tourné.

Supposez un moment que Henri de Bourbon
soit demeuré en 1830 : son éducation est livrée
aux hommes du libéralisme, son intelligence
est faussée, les heureuses qualités de son caractère et de son esprit demeurent impuis-
santes. Tous les efforts sont employés à incli-
ner cette jeune plante à des leçons corruptrices.
On l'empoisonne à l'intellectuel comme on em-
poisonna le fils de Louis XVI au physique. Cette
généreuse nature s'étiole, cet amour du vrai
s'éteint, la noble fleur, privée d'air et de soleil,
languit dans la mortelle atmosphère des mauvais principes ; le dernier descendant de la
grande race s'affaisse peu à peu sous une phthi-
sie morale qui fait chaque jour de nouveaux
progrès. Cette anarchie des idées qui règne
dans l'époque où nous sommes, on l'introduit
dans son intelligence. On le nourrit de poisons
et on l'abreuve de venins. Ah! c'est alors que
le libéralisme aurait pu triompher à juste titre,

alors qu'il serait vraiment resté victorieux, alors qu'il aurait dû lever plus haut le front que le jour où il s'empara du Louvre majestueux et des magnifiques Tuileries ; car, cette fois, il n'eût pas seulement arboré son drapeau dans les murailles froides et inanimées d'un palais désert, mais il aurait implanté dans la tête et le cœur même du petit-fils de Louis XIV ses principes et ses idées.

Supposez que Henri de Bourbon soit demeuré en 1830 : tout se fait sans lui et cependant en son nom. C'est en son nom que la Pologne est excitée à prendre les armes, puis abandonnée ; que l'Italie est poussée à la révolte, puis délaissée ; en son nom que la Belgique, s'offrant d'elle-même à la France, est refusée ; en son nom que la Belgique, demandant à être secourue dans l'affaire du Limbourg et du Luxembourg, est sacrifiée. C'est sous son nom que des ministres aveugles ou coupables mettent la fortune de la France aux ordres de l'Angleterre, et sacrifient à des calculs égoïstes nos intérêts et notre gloire pour arriver au sublime résultat dont nous venons d'être témoins, en voyant le merveilleux talisman de l'alliance anglaise brisé sur la joue de son plus intrépide panégyriste, par un soufflet de lord Palmerston.

Tout ce qui s'est fait depuis 1830 s'accomplit de même, car la révolution est maîtresse du pouvoir, et Henri de Bourbon n'est entre ses mains qu'un instrument et un otage ; mais, par une différence toute au désavantage du jeune prince, la révolution contresigne de son nom la politique de 1830, et elle rend son innocence coupable de nos malheurs.

Ainsi, à l'heure même où nous sommes, ce serait au nom de l'héritier de la race de gloire que l'on chercherait à distraire notre France bien-aimée des humiliations de son isolement par une comédie guerrière ! L'on daterait de son règne cette page honteuse, frauduleusement glissée dans notre histoire qui la repousse de toute la hauteur de son passé, de tout l'éclat de ses souvenirs, et dans laquelle on lira que, grâce à l'isolement que nous a fait la révolution de 1830, la Russie, l'Angleterre, la Prusse et l'Autriche, ont agi en Orient comme si la place de la France était vide en Europe, comme si son vaste territoire, tout palpitant de courage, tout rayonnant de génie, avait disparu sous un de ces grands tombeaux où l'on ensevelit les nationalités. C'est sous son nom encore qu'un ministre dictateur, rassemblant contre la prospérité et la liberté de la capitale de la civilisation une armée de maçons et de manœuvres, oserait avouer tout haut son téméraire projet d'entortiller la cité géante dans son manteau de nain, et viendrait donner en spectacle au monde la capitale-reine se blottissant de peur derrière des monceaux de terre, et se cachant, pour dormir d'un sommeil révolutionnaire, accoudée à l'ombre d'un triple rang de bastions et de tours.

La protection de Dieu, qui veille visiblement sur Henri de Bourbon depuis sa naissance, n'a pas permis que le poids de ces événemens retombât sur sa tête. Elle le dérobe à la fois au péril d'une éducation corruptrice et d'une responsabilité fatale.

On a vu comment il aurait été élevé s'il était demeuré en France en 1830 ; voilà comment il a été élevé dans l'exil. Au lieu de lui donner l'éducation molle et complaisante qu'on essaie de faire accepter par les princes heureux, on lui a donné l'éducation forte, sévère, complète, qui convient aux princes visités par l'adversité. Des hommes éminens par l'élévation de leurs idées et la loyauté de leur caractère, tels que M. de Rivière, M. de Latour - Maubourg, M. de Bouillé, M. Emmanuel de Brissac, M. le duc de Lévis, M. de Champagny, M. d'Hautpoul, M. de Montbel, se sont succédé auprès de lui avec les fonctions de gouverneurs. Des maîtres d'une science profonde, tels que MM. de Barande et Mounier, tous deux anciens élèves de l'Ecole polytechnique, et M. Cauchy, l'un des premiers mathématiciens que compte la France, lui ont apporté le secours de leurs enseignemens. Celui qui a été appelé à remplir auprès du jeune prince les fonctions que Bossuet et Fénélon remplirent auprès des petits-fils de Louis XIV, c'est un des plus vénérables, des plus sages et des plus illustres prélats de France, c'est monseigneur l'évêque d'Hermopolis, qui, au commencement du siècle, ramena la jeunesse française à la religion de saint Louis par ces célèbres conférences de Saint-Sulpice, dont le souvenir est resté dans toutes les mémoires.

Que si l'on donnait une indication de la manière dont les études du jeune prince ont été dirigées sous ces heureux auspices, ce serait une nouvelle preuve qui ferait ressortir la protection dont l'entoure la Providence. Pour commencer par la religion, cette base de toutes les éducations, et surtout des éducations princières, M. l'évêque d'Hermopolis a adopté tous les principes posés par Fénélon dans ses *Directions pour la conscience d'un roi.* Ainsi il a répété souvent au jeune prince : « Qu'un roi doit étudier » sérieusement ce qu'on nomme le droit des » gens, aussi bien que les lois fondamentales » et les coutumes qui ont force de loi dans le » royaume ; qu'il doit savoir ce que c'est que » l'anarchie et ce que c'est que la puissance ar- » bitraire, et ce que c'est que la royauté réglée » par les lois, milieu entre ces deux extrémi- » tés. » Le célèbre précepteur a dit encore avec Fénélon à son élève : « Que le bien des peuples » ne doit être employé qu'à la vraie utilité des » peuples mêmes, et qu'on doit retrancher, » dans un temps de pauvreté publique, toutes

» les charges qui ne sont pas d'une absolue né-
» cessité. » Il lui a aussi répété ces belles paroles au sujet du choix des conseillers : « En ne
» comptant pour rien dans le choix des hommes
» la vertu et les talens, c'est à tout un Etat que
» l'on fait une injustice irréparable. Le devoir
» d'un prince est de choisir pour les premières
» places les premiers hommes. » Quand il s'est
agi de la vigilance qu'un prince doit apporter à
défendre les intérêts extérieurs de la société,
les paroles de Fénélon ne lui ont pas manqué
pour dire : « Chaque nation est obligée à veiller
» sans cesse pour prévenir l'excessif agrandis-
» sement de chaque voisin, pour sa sûreté pro-
» pre. Ainsi chaque prince est en droit et en
» obligation de prévenir un accroissement de
» puissance qui jetterait son peuple dans un
» danger prochain de servitude sans ressource. »
Lorsqu'il s'est agi de montrer combien il importe
à un prince d'être instruit, les expressions de
Fénélon se sont encore trouvées naturellement
dans la bouche de M. Frayssinous : « Un roi
» ignorant, dit l'archevêque de Cambrai, n'est
» qu'un demi-roi. Son ignorance le met hors

» d'état de redresser ce qui est de travers. Son
» ignorance fait plus de mal que la corruption
» des hommes qui gouvernent sous lui. » Admi-
rable religion, qui commande aux princes tout
ce que l'intérêt des peuples leur demande !

Mais l'instruction profonde et variée du jeune
prince l'a toujours mis à l'abri de ce reproche
d'ignorance. Ses études ont été dirigées de manière à lui donner une teinture générale de ce
qu'un prince doit seulement connaître, et une
intelligence approfondie de ce qu'un prince doit
savoir. Deux sciences ont été surtout poussées
très loin, l'histoire et l'art militaire. L'histoire
ne lui a pas été présentée comme un recueil de
faits, ni comme un tableau de dates ; on l'a ac-
coutumé de bonne heure à en tirer des conclu-
sions et à en apprécier l'esprit. Le prince a
saisi, à travers les différens âges de la monarchie, le progrès des grandes institutions natio-
nales. Ainsi il a étudié les phases différentes
du pouvoir royal, il a vu ce qu'il y a de fixe
dans l'institution, ce qu'il y a de variable dans
les accessoires, ce qu'elle a de permanent, et
en quoi elle peut se conformer aux nécessités

des sociétés. Il a compris que la royauté, pour être immuable dans son principe, ne devait pas pour cela être immobile. Il l'a considérée comme le centre d'un cercle qui s'est élargi de siècle en siècle, et comme l'éternelle alliée du droit commun contre tous les monopoles et toutes les féodalités.

Les penchans de son enfance pour l'art militaire se sont continués dans sa jeunesse. Les commentaires de César, la guerre de trente ans de Schiller, voilà ses deux livres de prédilection. Il a hérité de l'admiration du grand Condé pour l'illustre Romain dont les campemens excitaient l'enthousiasme du vainqueur de Rocroy, et il ne peut se lasser de lire, dans l'histoire de Schiller, le récit de la bataille de Lutzen. Les habiles leçons de M. Mounier lui ont rendu la connaissance de la stratégie familière. Il a étudié les grandes batailles qui ont été livrées en Allemagne sur les lieux mêmes qui en ont été le théâtre. Aujourd'hui il saisit avec précision et rapidité le faible et le fort d'un ordre de bataille, la faute décisive d'une campagne; car, dans l'art militaire comme dans l'histoire, il est doué d'une grande sûreté de coup d'œil.

Il sait de la littérature ce qu'il faut en savoir pour sentir et admirer les beautés intellectuelles des grands modèles. Quoiqu'il ait montré moins de dispositions pour les langues que pour le reste, il possède par principe, outre sa langue natale, l'allemand, l'italien et l'anglais. Il a cependant quelque répugnance à se servir de ces langues, et, comme on lui en faisait la réflexion, il répondit : « Que voulez-vous ? je » pense toujours en français. »

Ces détails ne sont pas un roman, mais un précis scrupuleusement exact. Les adversités de Henri de Bourbon ont été visitées : eh bien ! qu'on interroge M. de Châteaubriand, M. Frayssinous, M. de Barante, M. de Laferronais, M. de St-Priest, M. de Latour-Foissac, M. de Conny, M. Mounier, M. de Lévis, M. de Kergorlay, M. d'Hautpoul, M. le général Vincent, M. de Genoude, M. de Valmy, M. de Pastoret, et tant d'autres qui ont présidé à l'éducation du prince ou l'ont souvent interrogé sur ses études, ils témoigneront de la fidélité de nos renseignemens et de l'exactitude de nos assertions. Quant au oral du jeune disciple, il est tel qu'on devait attendre d'après les indices qu'avait donnés on premier âge. C'est une loyauté sans ménge, une générosité digne de sa naissance, un mour de toutes les choses grandes et élevées , n souvenir ineffaçable de la patrie et un senment profond du devoir. L'exil et le malheur 'entendent à élever les princes, et la Provience avait ses desseins, on le voit, quand elle mis l'éducation de Henri de Bourbon dans les nains de ces deux puissans instituteurs.

Ajoutez à cela que, du sein de la terre étrangère, le fils du duc de Berri assiste aux événemens contemporains, qui deviennent pour ui les plus hauts des enseignemens. Dans ce ours d'histoire, dont chaque année tourne la page vivante, c'est Dieu lui-même qu'il a pour nstituteur et pour maître. Il n'est responsable le rien, et tout l'instruit ou le sert, même les revers qu'éprouvent ses amis. Quand sa mère lève l'étendard de la guerre en Vendée, elle ne réussit point à vaincre, mais, quelque jugement qu'on porte de sa tentative, elle réussit, par l'intrépidité qu'elle déploie, à arracher de la bouche même de ses adversaires, l'aveu qu'elle a du sang de **Henri IV** dans les veines, et qu'elle a dû communiquer à l'enfant du **29** septembre ce sang belliqueux, aussi vif et aussi bouillant que lorsqu'il faisait battre le cœur du Béarnais.

Que la révolution accumule les fautes, ces fautes, à la responsabilité desquelles l'exil de Henry de Bourbon échappe, sont pour lui autant de leçons. Ce n'est pas lui qui peut être accusé de l'abandon de la Pologne, il est innocent du refus opposé aux offres de la Belgique qui se donne, il ne saurait être responsable des encouragemens par lesquels on a poussé l'Italie à prendre les armes pour la livrer à sa mauvaise fortune après l'avoir livrée au mauvais génie des révolutions ; l'obéissance qu'on témoigne à l'Angleterre, l'impuissance qu'on montre en Orient, l'isolement où l'on demeure confiné, il n'est comptable de rien. Mais, dans ce grand spectacle que Dieu lui présente, il puise des instructions plus frappantes que celles qu'on trouve dans les livres ; il apprend tout ce qu'il y a de faux et de trompeur dans les prin-

pes qui ont renversé sa maison ; il assiste, du
in de son exil, aux déchiremens intérieurs du
béralisme victorieux de tous les obstacles, à
 chute de ses renommées, au renversement
e ses maximes, à l'anéantissement de son sys-
me.

Il voit en ce moment les partisans fanatiques
e la constitutionnalité balbutier, d'une bouche
ncore pleine des maximes libérales de l'oppo-
ition de quinze ans, l'éloge du despotisme ; les
ougueux défenseurs du gouvernement parlemen-
aire gouverner sans le parlement ; les adversai-
es des ordonnances de juillet lever par ordonnances des soldats et établir par ordonnances
les impôts, entourer par ordonnance Paris d'une
enceinte de forts, et après avoir trouvé la dictature
de Charles X de trop bonne maison, applaudir
à la dictature de bas étage de M. Thiers. Cette
ville de Paris, si florissante et si riche sous le
règne de son oncle et de son aïeul, il la voit
emprisonnée dans un cercle de bastions qui
dressent leurs fronts menaçans autour de la
ville, comme une hydre aux têtes pétrifiées, en
lui ôtant à la fois la vie, la richesse, la sécu-

rité et la liberté, et il se dit qu'il n'est ni dans le caractère ni dans la destinée de notre nation de barricader la fortune de la France entre Neuilly et Pantin ; que ceux qui veulent sacrifier Paris à leurs combinaisons d'égoïsme et de peur, regardent trop en arrière pour avoir la mission de conduire des armées françaises, et qu'ils ont mal mesuré la longueur de nos épées.

Ce n'est pas l'exilé de Kirchberg qui est responsable des luttes sanglantes de la république, des impossibilités du gouvernement parlementaire, de la confusion des choses et de l'anarchie des esprits. Mais toutes les phases de cette crise lui révèlent la puissance des principes une fois posés et la faiblesse des hommes pour les combattre ; chaque déception du libéralisme instruit son exil, chacune des défaillances dont il est le lointain spectateur vient porter la lumière dans son entendement. Encore une fois, il est en dehors de tout et tout lui profite. Les fautes du libéralisme lui tiennent lieu d'expérience, et il croît en force et en sagesse, pendant que les partis se courbent sous le poids de leurs fautes et de nos malheurs. Il apprend

nfin deux grandes choses, deux choses dont la
remière l'attriste, et dont la seconde l'enor-
ueillit : ce que c'est qu'une révolution de plus
n France, et ce que c'est que la France de
noins en Europe.

Et qu'on ne dise point que cette longue ab-
ence, interrompant ses rapports avec le pays,
'empêche de l'aimer ou de le connaître. N'est-
l pas auprès de la fille de Louis XVI, cette il-
ustre princesse au cœur de laquelle l'amour de
a France est si naturel qu'il a résisté à toutes
es épreuves et à tous les malheurs, et qu'elle
s'agenouille tous les jours sur les reliques du
roi-martyr son père, afin de prier pour la terre
où il mourut et qu'elle ne peut cesser d'aimer ?
N'est-il pas le fils de Caroline de Bourbon, qui
disait à M. Berryer en 1832 : « J'emporterai
plutôt mon fils dans les montagnes de la Cala-
bre que de céder à l'étranger une province,
une ville, une chaumière comme celle où je
suis. » N'a-t-il pas éludé la dureté de la loi d'exil
en emportant son pays dans son cœur et dans
sa pensée ? Ne le suit-il pas, d'un regard triste
et plein de sollicitude à travers toutes les phases

de cette longue épreuve? La France n'est-elle pas l'objet de ses méditations les plus intimes et le sujet de ses plus chers entretiens ? Et d'ailleurs, qui ne le sait? l'herbe ne croît pas sur les routes de son exil, grâce au dévoûment des fidèles qui vont parler au banni de la France, et qui reviennent parler à la France du banni.

Ces touchans pèlerinages de la fidélité qui entretiennent comme un flux et un reflux du pays à l'exil et de l'exil au pays, font, pour ainsi parler, respirer à Henri de Bourbon l'air de France. Il salue chaque année, dans ces visiteurs, l'image de la patrie absente; et dans deux occasions solennelles, on le sait, il se vit entouré de si nombreux voyageurs, qu'il put un moment se croire dans le palais de ses aïeux.

La première fois, le prince atteignait sa treizième année. Le vieux palais de Buschtierad s'étonna de la foule de jeunes Français qui se pressèrent sur ses routes désertes et abandonnées. C'étaient de nobles âmes et des cœurs dévoués portant l'expression de leurs vœux et l'hommagede leurs offrandes, des députés de toutes les provinces, presque de toutes les villes, fidélité léguée au malheur des Bourbons par le malheur des Stuarts, Walsh, présentant, de la part des habitans de Dieppe, l'aïeul au petit-fils, le modèle au disciple, la statue de Henri IV à Henri-Dieudonné; Nugent, chaussant les éperons d'or au prince; de Mey, lui offrant une épée; Philibeaucourt, une médaille destinée à perpétuer l'anniversaire de ce beau jour; Dufougerais, Carion, de Rancourt, de Maroles, de Chavigny, et tout un clan de braves Vendéens se pressant autour de lui, comme dans un jour de bataille; tandis que la majestueuse figure de Châteaubriand, se détachant de cette scène, représentait le génie français auprès du petit-fils de Louis-le-Grand.

La seconde fois, l'enfant s'était fait homme, car c'est du voyage de Henri de Bourbon à Rome que nous voulons parler, époque remarquable qui, fermant l'éducation du prince, semble l'introduire dans la seconde partie de sa vie, et, pour ainsi dire, sur le seuil de sa destinée.

En ce moment un contraste solennel frappa les esprits.

Le fils aîné de Louis-Philippe achevait, à travers l'Algérie, un voyage d'apparat dont les échos de la presse dynastique cherchaient à faire un événement. Des bulletins, plus longs et plus retentissans que ceux de Marengo, d'Austerlitz et d'Arcole, étaient partout répandus; cependant l'opinion publique demeurait froide et indifférente; l'attention de la France se refusait à cette provocation, l'intérêt mourait avant d'être né.

Au même instant, à l'autre bout de l'Europe, un exilé entre à Rome, sans passeports, sans éclat, sans suite. Il n'a ni courtisans qui l'exaltent, ni historiographes qui écrivent les détails de chacune de ses journées. Cependant la France et l'Europe s'émeuvent, les cabinets et les peuples tournent leurs regards vers le chef-lieu du catholicisme, et l'intérêt et la curiosité naissent à la fois en voyant le chef de la religion de saint Louis accueillant, dans le Vatican, le fils de saint Louis. Tout le monde suit des yeux le prince providentiel, celui que le nonce du pape appelait, le jour de sa naissance, l'enfant de

'Europe, le descendant des rois très chrétiens, entrant dans la capitale de la chrétienté.

Encore une fois les routes de l'exil disparaissent sous les voyageurs qui les couvrent. Le palais Conti devient le rendez-vous d'une foule de Français affamés de voir le petit-fils de Louis XIV. Les esprits les plus graves y coudoient les cœurs les plus ardens, tous s'étonnent de ce qu'ils voient, et l'on sait, par la belle relation de M. de Genoude, les enchantemens et les admirations que cette haute intelligence rapporta de la ville éternelle. Il semble qu'à Rome se tiennent les assises de l'Europe. La Russie, l'Autriche, l'Angleterre y envoient leur contingent de voyageurs. Toutes les provinces de France y ont quelqu'un de leurs enfans : le vendéen Bibart vient en Italie pour l'Ouest; MM. d'Averton et Salvador y représentent dignement le Midi; et mademoiselle Fauveau, l'artiste au cœur de flamme, au ciseau digne de Canova, y siège au nom des arts à côté du jeune prince à qui les communes de France donnèrent, quand il vint au monde, le château de François Ier.

Ce voyage de Rome est le complément et le
couronnement de tous les voyages qui, mêlant
à cette éducation sédentaire où l'on a les livres
pour maîtres, une seconde éducation où l'expérience des hommes achève et rectifie la première, avaient conduit, au loin vers les enseignemens du présent, celui qui, dans une laborieuse solitude, avait acquis les lumières que
donne le passé.

Nous ne voudrions pas prendre les choses
sous un point de vue systématique, exagérer la
vérité, encore moins échafauder des espérances
sur une illusion ou sur une erreur. Mais, de
bonne foi, croit-on qu'il y ait beaucoup d'en-
fances, beaucoup de jeunesses princières qui
aient eu l'occasion d'ouvrir leur esprit à des
connaissances aussi générales, leurs cœurs à
des impressions aussi vives et aussi profondes
que celles qui se sont trouvées sur le chemin
de cette enfance et de cette jeunesse transfé-
rées d'exil en exil? On sait la destinée ordi-
naire des princes. Quand l'âge de visiter les
contrées voisines du royaume où ils sont nés
est venu, ils emportent avec eux une atmo-

phère de cour qui, semblable au nuage qui environne les dieux homériques, tient toutes les vérités à distance. Ils ne vont point de ville en ville, ils vont de palais en palais. Ils ne voient pas les nations qui diffèrent les unes des autres, ils ne voient que les cours qui toutes se ressemblent. Ils accomplissent, comme des astres, leur révolution, réglée par l'étiquette, autour d'un cercle de bals, de fêtes, de banquets, de réceptions officielles, de complimens diplomatiques, et ils reviennent sans avoir rien appris, parce qu'ils n'ont rien vu.

Il n'en est point de même pour Henri de Bourbon. Entre lui et les nations chez lesquelles il a été conduit par les vicissitudes de son exil, l'étiquette des cours n'est point venue se placer. En échange des priviléges de sa naissance que l'adversité lui a ôtés, il est un privilége qu'elle lui a donné, le privilége du proscrit, de l'exilé, qui voit ce qui serait demeuré caché au prince. Tous les voiles se lèvent devant lui, toutes les vérités se révèlent; la flatterie dédaigne de mettre son bandeau de pourpre sur les yeux du malheur.

On a souvent répété que l'esprit s'agrandit et s'élève par les impressions qu'il éprouve dans les premières années de la vie. Combien donc n'a-t-il pas dû s'élever et s'agrandir l'esprit de Henri de France, sous l'influence d'impressions si vives, si profondes et si variées? Avant ce grand et beau voyage de Rome, comptez les contrées qu'il a vues.

D'abord son exil se trouve face à face avec l'Angleterre. Il est trop jeune sans doute pour sonder les profondeurs de la puissance britannique ; mais, ce que l'intelligence de l'homme pourra seule comprendre un jour, l'instinct de l'enfant peut déjà le sentir. Le jeune prince est donc nécessairement frappé de ce mouvement industriel et commercial immense, qui est le trait caractéristique de la physionomie de la Grande-Bretagne. Il ne s'agit pas ici d'observer, d'étudier, d'approfondir, il suffit de voir, et Henri de Bourbon emportera d'Angleterre une haute idée du commerce, ce talisman de la puissance anglaise, et un souvenir profond de cette marine qui entoure la reine des mers d'une ceinture de navires, mains agiles et vigoureuses avec lesquelles elle touche toutes les extrémités de l'univers.

Lorsque son exil, transféré en Ecosse, va frapper à la porte du vieux château d'Edimbourg, d'autres impressions l'attendent. Le génie des Stuarts, qui réside dans ces lieux solitaires, s'est levé, triste et morne, devant l'héritier de la maison de Bourbon, pour lui indiquer du doigt les routes à éviter et les écueils sinistres où les monarchies viennent échouer sans retour. Le malheur de ces princes a été pour lui comme un fanal allumé sur le rivage ; et quand les années ont eu mûri son intelligence, il a plus d'une fois médité sur les impressions qui, tombant avec la poussière des siècles, descendaient sur son jeune front, du haut des sombres voûtes du vieux château d'Holy-Rood. En même temps, la physionomie de l'Ecosse l'a frappé par son contraste avec la physionomie de l'Angleterre. Il a vu ces populations de montagnards si alertes, si franches et si simples, et après avoir admiré le mouvement et l'activité des villes, il a appris à aimer les vertus et la loyauté des habitans des campagnes. Plus d'une fois son cœur a battu plus vite à la vue de quelque claymore rouillée qui n'avait pas vu le soleil depuis l'expédition de Charles Edouard, et, en donnant une larme au brave montagnard qui la portait, il s'est dit que le dévoûment d'un Monrose ou d'un Lescure qui se creuse un tombeau au pied du malheur, a droit aux sympathies des nobles âmes comme le dévoûment plus heureux d'un Monk qui change le bâton de pèlerin en sceptre et rend la patrie au banni, la couronne au dépossédé.

Au moment où Henri de Bourbon quitte l'Ecosse, la Hollande lui apparaît comme un glorieux monument de la puissance du génie de l'homme, qui a arraché ce royaume bâti sur pilotis à la fureur des eaux. En contemplant ces digues victorieuses devant lesquelles viennent expirer les colères de l'Océan, il se fait une haute idée de la force de cette volonté que Dieu nous a donnée pour accomplir de grandes entreprises. Quand l'homme veut, et qu'il ne veut pas des choses contraires à la morale et à l'ordre, qui résisterait à l'homme, ce tout-puissant d'ici-bas, auquel ne résiste pas la mer?

Enfin le prince arrive en Allemagne, et là il trouve de nouvelles impressions non moins instructives que les premières. Vienne, la ville impériale, le reçoit; Vienne, cette histoire de pierre et de bronze, dans le sein de laquelle les annales de l'Allemagne entière respirent; Vienne, qui fut pendant long-temps la frontière de la chrétienté contre l'islamisme; Vienne, qui regarde à la fois l'Orient et l'Occident, et dont les murailles reçoivent les rumeurs qui arrivent des deux mondes. Quelles durent être les méditations du petit-fils de Louis XIV étudiant l'histoire dans la ville où régna Charles-Quint!

Du haut des murailles élevées de la ville impériale, son regard plane sur l'Allemagne, cette terre vague et confuse, morcelée en tant de nationalités et séparée en tant de territoires, qui déroule ses caractères variés et ses contrastes en face de la puissante unité de la France. Henri de Bourbon, tout en sentant la supériorité du royaume des rois très chrétiens sur tous les royaumes de l'univers, peut admirer cette simplicité de mœurs et cette familiarité paternelle des Césars allemands, vivant au sein de

leurs États comme au sein d'une famille, n'é-
prouvant pas le besoin d'étendre toujours entre
eux et les populations un rideau de baïonnettes,
recevant les plus simples de leurs sujets, sans
avoir à craindre que sous un placet se cache un
poignard.

La Hongrie lui est ensuite apparue comme
un éclatant reflet de la féodalité militaire du
moyen-âge, que ses aïeux ont peu à peu fondue,
en France, dans l'unité nationale dont elle rom-
pait à chaque instant le cadre par ses mouvemens brusques et hardis. Il s'est arrêté avec
admiration devant cette belliqueuse province
assise à la dernière limite de l'Occident, comme
un camp chargé de le défendre. Il a étudié,
avec une curiosité mêlée d'intérêt, cette cavalerie hongroise qu'on estimerait la première
du monde s'il n'existait pas une cavalerie française. A la vue de ces magnats si fiers et si cou-
rageux qui s'empressaient à son approche pour
saluer en lui l'héritier de la grande race, le re-
jeton des rois magnanimes et des princes *cheva-
lereux*, comme parlaient nos pères, s'est ému;
le souvenir d'une belle et mémorable scène s'est

présenté à sa mémoire, il a revu dans le passé toute cette noblesse hongroise dressant, autour d'une reine malheureuse et de son fils menacé de perdre son héritage, une forêt de lances et d'épées, et le cri dévoué des Hongrois : *Moriamur pro rege nostro Maria-Theresa !* retentissant à son oreille, lui a rappelé un dévoûment maternel aussi grand quoique moins heureux.

C'est ainsi qu'avant même son voyage à Rome, Henri de Bourbon avait trouvé dans toutes les contrées qu'il avait parcourues d'utiles enseignemens et de hautes leçons. L'Angleterre, cette reine des mers, avec la dévorante activité de son industrie, le mouvement infini de son commerce et sa prodigieuse marine ; l'Écosse, avec la simplicité agreste de ses mœurs, ses souvenirs historiques si éloquens et les hardiesses des sublimes perspectives qui varient ses paysages ; la Hollande, cette conquête que le génie de l'homme a faite sur la mer avec la laborieuse économie de ses populations, le caractère tenace de ses habitans, et le spectacle imposant de ses digues qui, arrêtant les vagues, annoncent que la sagesse humaine peut imposer un frein aux tempêtes ; l'Allemagne, enfin, avec ses populations bariolées, son territoire morcelé en nationalités diverses, et qui porte la marque de la grande lutte du catholicisme et du protestantisme qui, en créant un antagonisme de cultes, est devenu la négation de l'unité allemande; Vienne, ce rendez-vous de l'histoire des deux mondes; la Bohême avec ses mœurs si simples ; la Hongrie belliqueuse et féodale, quelle succession rapide d'impressions, que d'émotions fécondes, que de leçons éloquentes pour la vive intelligence du prince exilé !

Riche de tant d'impressions qui ont élargi son esprit et agrandi son cœur, Henri de Bourbon part pour l'Italie à laquelle il va demander de nouveaux enseignemens. Il rencontre d'abord sur ses pas Vérone, la ville des congrès, où, sous le ministère de M. de Villèle, la restauration, représentée par un Montmorency et un Châteaubriand, tint un langage si digne et si fier, que l'Europe, échappée à l'épée de Napoléon, crut revoir dans les mains de la France le sceptre de Louis XIV. Puis, fidèle au souvenir de la patrie, Henri de Bourbon s'arrête sur un de ces nombreux champs de bataille consacrés par nos armes victorieuses. L'exilé a imaginé un nouveau et ingénieux moyen d'échapper à cette loi de bannissement qui lui ferme depuis dix ans le royaume de ses aïeux. Il visite la France sur le terrain de ses victoires. Et qui oserait dire que vous n'êtes pas terre française, glorieux champs d'Austerlitz, d'Iéna et de Marengo, abreuvés du sang de nos enfans, et où respire encore la mémoire de nos triomphes?

L'Italie du Nord s'est déroulée devant Henri de Bourbon avec Milan, sa pompeuse capitale, et cette cathédrale consacrée encore par la présence de saint Charles Borromée. Par un illustre privilége qui n'appartient qu'à la maison de France, il retrouve en Italie, et sur les bords du Pô et de l'Adige, la grande figure de Charlemagne qu'il avait trouvée de l'autre côté du Rhin; car, dans les époques décisives, la France, s'élargissant par l'influence de sa civilisation ou par la force de sa longue épée, devient le cadre de l'Europe entière, et l'on dirait qu'il est si na-

turel à nos monarques d'être les modérateurs
de l'Europe, que les couronnes qu'ils ne portent pas, ils les ont toutes essayées, depuis
le diadême des Césars et la couronne de fer
d'Italie, qui tinrent à l'aise sur le vaste front
de Charlemagne, jusqu'à la couronne d'Angleterre qui brilla un moment sur le front du fils
de Philippe-Auguste et du père de notre saint
Louis.

C'est après avoir traversé ces vives et graves
émotions que, l'intelligence toute pleine des
méditations éveillées par tant de tableaux im-
posans dans son âme, le descendant d'une dynastie de huit cents ans va frapper à la porte
de la ville éternelle.

Qui nous dira les pensées qui se sont élevées
dans ce jeune cœur, quand Rome, la naufragée
des siècles, est apparue au naufragé des révolutions, et que l'héritier de la maison de Bourbon
s'est penché, triste et recueilli, pour chercher
une histoire dans ces ruines, que, bien des
années auparavant, son père exilé et proscrit
lui même, avait foulées, et sur ces tombeaux
vers lesquels s'inclina ce prince aujourd'hui cou-

ché dans le tombeau? Ah! sans doute le néant
des choses humaines lui fut révélé; du sein de
cette cendre de héros refroidie, de cette lave
de gloire éteinte par les siècles; des voix puis-
santes s'élevèrent, qui lui dirent l'instabilité
des empires les plus solides et la chute des
puissances les mieux établies. Rome, du sein
de ses ruines, regarda le petit-fils de Louis XIV,
errant et proscrit, et fut consolée; et le petit
fils de Louis XIV, le cœur rempli de cette mi-
sère immense et de cette décadence inouïe, ou-
blia son sort pour contempler l'abaissement de
la reine du monde antique, couchée entre les
sept collines, comme un prodigieux cadavre au
fond d'un gigantesque cercueil.

Mais, prince, vos années se sont succédées
trop peu nombreuses, votre intelligence est
trop vive, vos sentimens bouillonnent trop éner-
giques dans votre cœur, la vie circule avec trop
de puissance dans vos veines, pour que vous
vous arrêtiez long-temps à ces méditations. Il y
a autre chose à Rome que des sépultures; on
y trouve d'autres enseignemens que ceux de la
philosophie. Ici vécut toute une race d'hommes

forts qui, trempée du même acier que les épées qu'ils portaient dans les batailles, agrandit l'étroit asile des bannis et des exilés jusqu'à renfermer l'Italie, et élargit l'Italie jusqu'à contenir l'empire du monde. Dans ces lieux, plus qu'en aucun autre lieu de l'univers, on fit l'épreuve de ce que peut la sublime tenacité du génie de l'homme contre les incertitudes de la destinée.

Ici la magnifique éducation de l'exil et de l'adversité, que nous avons suivie dans tous ses développemens, se résume et s'achève. Il n'est donné qu'à l'œil de Dieu de suivre les mouvemens qui s'opèrent dans ce cœur et dans cet esprit, de pénétrer les idées qui s'agitent, d'apprécier les sentimens qui germent et se développent, tandis que, suspendu entre le passé qu'il laisse derrière lui et l'avenir qui l'attend, le petit-fils de Louis XIV se recueille au milieu de la ville éternelle. Pour combien compterez-vous les journées de ce mois passé à Rome par ce visiteur de vingt ans? Que se dit-il dans ce merveilleux dialogue où, placé entre le génie de la France et le génie de Rome, Henri de Bour-

bon sent descendre sur son jeune front les ombres de tant de majestueux débris, et monter
vers lui les voix de tant de grands tombeaux?
Mystérieux épanchemens, méditations puis-
santes, qui nous révèlera vos secrètes influen-
ces sur cette nature vierge encore et sur ce
génie neuf et primitif? Qui dira les émotions
que la cité-reine verse dans l'âme du fils des
rois, lorsque, environné des ombres des Césars,
et César lui-même par sa naissance, son regard,
après avoir traversé toute une mer de gloire,
demande aux ombres de l'avenir le secret du
temps?

Quel spectateur pour ce spectacle, et quel
spectacle pour un tel spectateur! Du haut du
Capitole, dont les degrés ont été successivement
foulés par tous ces pieds vigoureux qui ont
laissé leur trace dans l'histoire, le petit-fils de
Louis XIV voit deux Romes se présenter à ses
yeux. La première marche couronnée de la mémoire de ses consuls et des lauriers de ses em-
pereurs. Elle accomplit tout ce qu'on peut accomplir par l'habileté de la politique et par la
force des armes. Un long cortége de généraux

victorieux, de triomphateurs, d'hommes d'E-
tat, de magistrats illustres, les Paul-Émile,
les Scipion, les César, les Caton, les Pompée,
les Marc-Aurèle, les Titus, passent en condui-
sant leur siècle devant l'héritier de cette race
de sceptre et d'épée, et le laissent comme en-
veloppé dans une atmosphère de victoires et de
vertus. Noble patrie du génie de la guerre et du
génie du pouvoir, nous aimons à voir le fils de
la grande race dans vos murailles, car vous ne
lui donnerez, ô ville héroïque! que d'illustres
avis; et au milieu de ces ruines où palpitent
encore tant de nobles émotions et de généreux
sentimens, il respirera l'âme des grands hommes et se formera sur leur exemple. Parez-vous
donc bien de toutes vos richesses, ô ville des
César et des Scipion! ouvrez tous les trésors
de vos souvenirs, parlez à cette vive intelligence
par la voix de toutes vos ruines, et que votre
magnifique passé instruise ce jeune avenir. Pendant qu'il interroge vos débris du haut de votre
Capitole en décombres, que le génie romain se
dresse devant lui et lui dise le secret des habiles
et des forts. Que César passe, haut et fier, en

disant : « C'est ainsi que l'on porte un monde
» sur la pointe d'une épée. » Que Titus ajoute
d'un ton plus doux : « C'est ainsi que le poids
» de l'empire paraît léger à qui porte les peu-
» ples dans son cœur. » Quoi de plus ! dérou-
lez de nouveau sous ses yeux les pages de votre
immortelle histoire ; faites revivre vos grands
hommes, rallumez vos génies, renouvelez vos
splendeurs, et recommencez vos gloires en re-
demandant vos grandes ombres à tant de sublimes tombeaux !

Puis, la seconde Rome s'avance en portant,
non plus seulement le glaive qui ouvre les portes
du monde, mais les clés pacifiques qui ouvrent
les portes de l'éternité. La Rome papale se lève en
face de la Rome impériale ; la Rome chrétienne
en face de la Rome païenne ; en face de la Rome du
passé, la Rome du présent et de l'avenir, couronnée des vertus de ses saints, purifiée par le sang
de ses confesseurs et de ses martyrs, envoyant
ses apôtres dans des contrées inconnues aux soldats de l'ancienne Rome, et étendant plus loin
ses mains chargées de bénédictions, que celle-ci
n'étendait son bras armé d'une épée. A côté de

cette Rome chrétienne, Henri de Bourbon voit toujours marcher l'illustre maison de France, comme le champion armé du christianisme, comme le soldat de Dieu. Il reconnaît que dans la nouvelle histoire du monde, Rome est le conseil et la France l'action. Dans le passé de cette histoire il aperçoit Charlemagne et saint Louis, et dans l'avenir il voit une place vide aussi belle et aussi grande que celle qu'ils occupèrent ; car la France, cette conductrice des peuples, n'attend pour marcher dans ses voies que des mains capables de la conduire, et le monde n'attend que le signal de la France pour se remettre en mouvement.

Dans cette grande et solennelle méditation, qui du faîte du Capitole romain ne s'enfonce si profondément dans le passé que pour se précipiter par un élan plus vigoureux vers l'avenir, comme toutes les ombres s'effacent, comme tous les détours de la route disparaissent, comme toutes les incertitudes se dissipent, comme on aperçoit de haut et de loin les destinées du monde ! Petit-fils de Louis XIV, nous concevons les tressaillemens de votre cœur et les joies de votre pensée. Lorsque, du faîte de ce rocher historique qui s'élève au sein de Rome, vos yeux ont cherché à l'horizon, parmi toutes ces têtes de peuples, celle qui s'élevait la plus haute et la plus fière, vous avez reconnu celle de la nation que conduisirent vos aïeux ! Lorsque vous avez cherché dans l'avenir l'instrument de la civilisation et le moteur des grands événemens, de toutes les vigies de l'Europe, des voix lointaines arrivant à votre oreille ont prononcé le même nom, et, tous les autres objets disparaissant, toutes les plaines se courbant entre ces deux illustres promontoires, l'Italie et la Gaule, on n'a plus vu aux deux bouts de l'horizon que le fils de Louis XIV sur les glorieuses hauteurs du Capitole, et la France attendant le signal de Dieu pour monter les degrés du trône qui appartient à la reine de l'univers civilisé.

Résumons, dans une courte conclusion, ce rapide itinéraire de 1820, l'année de toutes les espérances, à 1840 l'année solennelle qui, dans l'opinion des peuples de l'Occident à l'Orient (1),

______

(1) En Turquie, comme chez les nations européennes, cette année est l'objet d'un grand nombre de prophéties.

doit enfoncer profondément son sillon dans l'histoire du genre humain, et prouvons aux impatiences qui accusent de lenteur le temps, cet ouvrier de Dieu, qu'il a marché vite et bien.

En contemplant la suite des événemens depuis la naissance de Henri de Bourbon, il nous semble assister à deux éducations que la Providence conduit de front, celle de l'héritier de tant de monarques et celle d'un grand peuple. Pendant que l'enfant du 29 septembre est dans ces naïves années du premier âge, où tout semble sourire à la pensée qui s'ouvre et au sentiment qui commence à naître, la France est aussi dans l'enfance de ses illusions et dans le premier âge des espoirs qu'elle a conçus sur la foi des promesses du libéralisme. Dieu, qui protège le peuple et le prince, sépare alors leurs destinées. L'éducation de celui-ci est confiée, nous l'avons vu, à l'adversité et à l'exil ; l'éducation de l'autre est commise à une révolution, redoutable instituteur qui fait payer cher à ses disciples ses durs enseignemens.

Les deux éducations se poursuivent alors par des voies correspondantes sans être uni-

formes. Tandis que Henri de Bourbon parcourt
la route âpre et difficile que nous avons déroulée sous vos regards, le grand peuple, qui,
trompé par de menteuses promesses, avait dé-
siré le triomphe du libéralisme, voit ses vœux
exaucés, et le triomphe de ses vœux devient
pour lui une pénible, mais utile épreuve. Une
grande expérience commence. On voit successivement à l'œuvre tous les hommes et tous
les systèmes. La royauté parlementaire avec un
changement de dynastie et une charte subie
au lieu d'être octroyée, sert de cadre à ces
tentatives et en est la première. Le système de
la propagande au dehors et de la monarchie
républicaine au dedans; le système de la ré-
sistance au dedans et d'une inépuisable com-
plaisance au dehors; le gouvernement de l'habileté personnelle, le gouvernement des habiletés
du parlement, se succèdent avec la politique
de l'alliance anglaise, puis, avec la politique de
l'isolement, pendant que la république joue
son coup de dé sur les bornes de la rue, et que le
bonapartisme, tramant une insurrection militaire derrière l'apothéose d'un cercueil, prend

par la caserne pour arriver au pouvoir. Tout est essayé, tout échoue. La prudence de la France arrête, dans leur germe, les essais les plus aventureux qui pourraient mettre le feu au monde ; elle suit de l'œil les autres et les voit aboutir au néant.

Comptez tous les systèmes, tous les hommes, toutes les choses qui rendaient le gouvernement impossible en 1830, pas un de ces obstacles n'est resté debout. Les hommes sont morts à la tâche, ou, dépouillés de leur prestige, ce ne sont plus que des assignats politiques qui n'ont pas cours dans la situation. Le libéralisme avait battu monnaie de gloire pendant l'opposition de quinze ans ; dix ans de révolution ont fait justice de ce faux monnayeur de renommées. On ne pourrait, sans une immense ironie, citer aujourd'hui les noms de ceux qui tranchaient du grand citoyen avant 1830, parqués qu'ils sont dans les gras pâturages du budget, ou ensevelis dans les catacombes de la pairie.

Il en est de même des idées qui étaient alors portées aux nues. La république, veuve de La-

fayette et traînant le fardeau sanglant des souvenirs de 93, a été arrêtée par un cri unanime
de répulsion toutes les fois qu'elle a voulu se
produire. Le bonapartisme qui, même après
la mort du duc de Reiscthadt, a pris par deux
fois un souvenir pour une espérance, et la dictature transitoire d'un génie solitaire pour une
succession de famille, ouverte au profit des
médiocrités collatérales, a en vain donné le signal à ses aigles qui, fatiguées de leur vol de
gloire, ont reployé leurs ailes pour jamais. Les
utopies du gouvernement à bon marché et du
budget réduit, on sait où elles sont. Deux cents
millions ajoutés chaque année par le vote des
chambres aux charges des contribuables, le
budget de la France proclamé par M. Thiers, le
plus gros budget du monde, cinq cents millions
levés par ordonnance en vertu d'un article 14
inédit, interpolé après coup dans le texte de la
charte par le caprice dictatorial de M. Thiers,
disent assez jusqu'à quel point la charte de
1830 est une vérité, et l'avènement du libéralisme une économie. Le gouvernement parlementaire, il expire, après dix ans d'avortemens,

dans les bras d'une dictature ministérielle qui a le front couronné des lauriers de la police et les mains trempées dans les boues de la corruption. La lettre de change que les orateurs de l'opposition libérale avaient tirée sur la gloire, n'a pas été acceptée par elle. Pendant dix ans on a fait pourrir la France dans la paix à tout prix, et si on lui a donné congé d'agir en Belgique ou du côté de l'Espagne, c'est avec le boulet de l'alliance anglaise scellé au pied, afin que cette glorieuse ne s'écartât point de la route tracée par quelques unes de ces héroïques licences de champs de batailles qui ont rendu son nom célèbre parmi les nations. Depuis trois mois cette unique alliance rompue n'a été remplacée que par l'isolement ; et la révolution qui avait promis de frapper de nullité les traités de 1815, et de faire boire les chevaux de nos cavaliers dans le Rhin, laisse l'Angleterre, la Russie, la Prusse et l'Autriche agir en maîtresses en Orient, et se barricade aux portes de Paris.

Tout disparaît, tout meurt ; la presse libérale qui s'était fait un quatrième pouvoir dans l'État,

frappée de déchéance avec tout le reste, signe
son abdication, en vendant à beaux deniers
comptant, après tant de parlages de liberté, la
complicité de son approbation à la politique de
M. Thiers, et en portant la hotte et en traînant
la brouette pour l'embastillement de Paris, après
avoir élevé une colonne à la destruction de la
Bastille. La centralisation, périssant sous ses
propres excès, avoue qu'elle n'a plus d'autre
refuge que le donjon féodal du moyen-âge.
Elle devient craintive et soupçonneuse comme
Louis XI. Elle se sépare, par une muraille, de
la France, dont elle est déjà séparée par la distance qui existe entre la tyrannie et la servitude;
elle se bâtit un château du Plessis-lès-Tours,
et, se punissant elle-même de ses propres mains,
elle s'emprisonne dans sa peur, tandis que la
réforme, commençant son grand tour de France,
appelle les populations au droit commun et à
la liberté.

Qu'on vienne dire maintenant que les hommes et les choses n'ont point marché d'un pas
rapide, que l'impatience humaine ose encore
accuser le drame providentiel de lenteur, et

chicaner la sagesse suprême du régulateur sou-
verain qui en gouverne toutes les phases et qui
en prépare le dénoûment ! Toutes ces épreuves
n'étaient-elles pas nécessaires à l'éducation de
la France et à l'instruction du monde ? Avant
que le peuple initiateur pût se remettre en mouvement, ne fallait-il pas que la route fût dé-
blayée de tant de systèmes et de tant de faus-
ses grandeurs hissées sur des échâsses qui
encombraient le chemin ? Ne fallait-il pas une
génération grande et forte pour une époque
qui sera grande, et les hommes de tête et d'exé-
cution ne se produisent-ils pas surtout sur l'a-
vant-scène des grandes époques, dans ces crises
profondes qui mettent en fermentation tous les
élémens des sociétés ?

N'accusons pas la Providence : elle met chaque homme à sa place et fait chaque chose à son
heure. N'accusons que notre ignorance à courte
vue qui ne sait point lire dans le plan providentiel , et notre impatience téméraire qui se
câbre dans le harnais et ronge le frein de Dieu.
C'est ce grand Dieu qui a tout conduit pour le
peuple , comme pour le prince qui n'avait

perçu que la fortune et la puissance, dans ses
cunes rêves, et qui a été réveillé par le malheur
et l'exil, chargés de le soustraire aux flatteurs
pour lui faire sucer une nourriture plus gros-
sière mais plus saine, et de lui inculquer de plus
mâles leçons. C'est lui qui a voulu que le peuple ne pût ressentir aucune inimitié contre le
prince, innocent des fautes du passé par son
âge, innocent des malheurs du présent par son
absence, comme il a voulu que le prince ne pût
éprouver aucune colère contre le peuple, en le
faisant disparaître dans une tempête qui n'avait
pas été soulevée contre lui. C'est lui qui a guidé
le prince à travers toutes les étapes de l'exil et
toutes les méditations de l'adversité, jusqu'à ce
voyage de Rome qui l'a placé si haut dans l'es-
time même des partisans du pouvoir actuel, que
l'un d'eux (1) écrivait : « J'ai été frappé de deux
» choses en sa personne, sa grandeur et sa pré-
» destination ; » de même que c'est lui qui a
guidé la France à travers la destruction de toutes ses utopies et le vaste abattis de toutes ses

____

(1) M. de Flahaut.

idoles, jusqu'à la politique de l'isolement, de l'embastillement et de la vénalité, triste et dernier refuge du monopole parlementaire qui, semblable au Rhin, n'est plus qu'un ruisseau quand il finit!

Arrêtons-nous ici : l'avenir appartient à Dieu, et il serait téméraire aux hommes de vouloir soulever le voile qui le cache pour sonder la profondeur des arrêts providentiels. Il s'agit du présent, et nous voyons dans le présent, d'un côté, un jeune prince, élève de l'adversité et qui doit à cette inflexible maîtresse toutes les qualités de l'intelligence et toutes celles de l'âme; de l'autre, un grand peuple devenu le disciple d'une révolution qui le conduit par de rudes sentiers à la perte de ses illusions et à l'oubli de ses erreurs, et qui trempe d'énergie, d'intelligence et de force, toutes ses générations nouvelles, brûlées par le soleil des journées d'épreuves et battues par les vents des crises politiques et préparées ainsi à l'avenir.

Imprimerie d'Edouard PROUX et Cie, rue Neuve des Bons-Enfants, 3.